中國龍

倪進功 著

西泠印社 出版社

图书在版编目（ＣＩＰ）数据

中国龙 / 倪进功著. --杭州 : 西泠印社出版社，
2012.12
ISBN 978-7-5508-0563-5

Ⅰ．①中… Ⅱ．①倪… Ⅲ．①龙－民族文化－中国
Ⅳ．①B933

中国版本图书馆CIP数据核字(2012)第304947号

中國龍

倪進功　著

責任編輯　洪華志
責任出版　李　兵
裝幀設計　進　功
出版發行　西泠印社出版社
地　　址　杭州市西湖文化廣場32號E區5樓
郵　　編　310014
電　　話　0571-87243279
經　　銷　全國新華書店
印　　刷　宣城市彩色印刷有限責任公司
製　　版　宣城市彩色印刷有限責任公司
開　　本　889mm×1092mm　　1/16
印　　張　7.75
書　　號　ISBN 978-7-5508-0653-5
版　　次　2012年12月第一版　第一次印刷
定　　價　壹佰壹拾捌圓

種德成陰

賴少其

進功同志

临海奇观

逸功同志 属正

王建华

龍澤

華夏

杜誠

　　倪進功，男，副研究員，安徽南陵縣人，祖籍無為縣。安徽省宣城市書法家協會名譽主席，宣城市書畫院藝術顧問，中國·宣城文房四寶協會顧問，宣城敬亭印社名譽社長，系中國書法家協會會員、中國國畫家協會理事、中國國學研究會研究員、安徽省考古學會理事。

　　自1984年參加中國書法家協會安徽分會以來，其作品先後獲得安徽省首屆"黃山杯"書法大賽優秀獎，入編安徽省慶祝建國五十周年書法集《安徽當代書法集》，入選由安徽省書法家協會主辦的安徽書法作品首次晉京展，入展安徽省首屆老書法家作品展（集），篆刻作品入展安徽首屆篆刻作品展；入選中國書法家協會、中國美術家協會主辦的93′國際中國書畫博覽會並展出，入選2010華東地區六省一市老年書畫作品展（集），入編由中國書協學術委員會聯合主辦的2008迎奧運"千龍"、"千禧"、"千福"寶典，獲中國西安第二屆碑林藝術節優秀獎；參加中華社會救助基金會、中國人權發展基金會、中國書法家協會組織的向西部特困學生捐贈，中國宋慶齡基金會組織的中國當代書畫家救助貧困兒童作品展暨慈善拍賣會，以及共青團安徽省委、省文聯、省軍區政治部組織的"獻愛心希望工程"捐贈活動並獲榮譽證書；先後在宣城、合肥、揚州、蕪湖、馬鞍山、舟山（普陀山）等市舉辦個人書法作品展；個人傳略被收入《中國歷代書法家人名大辭典》、《世界華人書畫家作品選》、《中國書法全集》、《中國書法家協會會員名鑒》等典籍，出版有《倪進功書法集》（安徽美術出版社），《中國龍》（西泠印社出版社），與人合作編著《中國山區經濟學》（紅旗出版社）。其作品追求陽剛厚重之美，注重墨痕與心靈的和諧統一。

目　録

序 言

筆 走 龍 游

□ 滋 蕪

　　進功先生在龍年出這一册《中國龍》，意義非凡。我們從中不難體悟到進功先生作爲龍之傳人的驕傲與尊嚴。

　　中國書法是一門古老的藝術。距今三千多年前，作爲萌芽狀態的書法藝術便誕生在黄河母親的摇籃裏。有文獻記載，在伏羲氏的時候，“畫八卦，造書契以代結繩”，就産生了文字。最古老的漢字——象形文字，也是根據圖像得來的。所以美術界又有“書畫同源”一説。及至商周時期，我們的先祖又在甲殻上將占卜到的有關祭祀、田獵、農事、疾病等的結果記録下來，形成了“甲骨文”。説到這裏，我不得不對古人的智慧由衷贊嘆。甲骨文是華夏文明的發端，更是我們先人智慧的體現。雖然甲骨文是卜辭，但它已經具備了中國書法藝術的三個基本要素：用筆、結體和章法，中國書法的美學特征在甲骨文中初見端倪。甲骨文是周代篆書的母本。由此，中國漢字與中國書法便一脉相傳下去，篆書、隸書、楷書、行書、草書……從最初以功用性爲主，一路發展爲兼具功用性與藝術性的書法藝術。

　　我喜歡聽故事，幼時外祖母抵不過我的纏人勁，常在夜空下給我講女媧造人、倉頡造字等上古神話傳説。龍便在祖母的叙説當中漸漸變得豐滿起來。華夏民族的始祖伏羲和女媧形象中的“蛇身”，便是中國龍（這裏强調是中國龍，而非西方龍，西方人眼中的龍多爲邪惡的象征）的原始形態。中國龍形象結合魚、鰐、蛇、馬、牛等動物的特征，以及雲霧、雷電、虹霓等自然天象。它象征意義極豐富，喜水、好飛、通天、善變、征瑞、示威等。作爲中華民族大融合的參與者和見證物，中國龍也往往代表着團結凝聚、奮發開拓等精神，華夏兒女也以作爲龍之傳人而自豪。

　　龍爲靈异神獸，書乃六藝之一。進功先生將這兩種雖同樣古老悠久却截然不同的事物合爲一體，演繹出上百篇關于“中國龍”的書法藝術，確實需要大智慧。僅這一份心思，我便不能不爲他竪起大拇指。

如何將這二者結合？怎樣才能將它們完美結合？進功先生既起其念，便殫精竭慮，數易其稿，耗時一年有余，法乎天，返乎心，抒胸臆，用正草隸篆寫足百個神形迥异的〝龍〞，終結集成《中國龍》。觀這一冊《中國龍》，我腦海中浮現〝外師造化，中得心源〞這八個字。進功先生在創作時，可謂達到了〝天人合一〞的如痴如醉境界。

　　中國書法與中國文化相表裏，與中華精神成一體。〝天人合一〞的理念，深刻影響了書法。〝天〞的本意很模糊，季羨林先生把它簡化爲〝大家都能理解的大自然〞。書法藝術中的點與綫之所以呈現出質感美、造型美，正是緣于它取象自然，以廣闊的胸襟及海納百川的氣概兼容并包。進功先生祖籍無爲，生于南陵，濱長江中游而居，蒙三百裏涇川之靈性，得千裏江水之氣勢。是以他在創作時，將先天蒙養到的山之氣勢、水之性靈通過蒼佩室墨貫穿到書法當中，既合于自然，沿着自然規律下功夫，又遵循漢字在形體構成上的規範性、同一性，創作出富有個性特色的藝術作品。他行筆時，一點一劃，互爲生發，造型布局，彼此襯托，調輕配重，濃淡相間，着力呈現中和之美，達到一種總體平衡。他不僅抒寫胸臆，而且兼顧形情神，將心中的山水田園之情、兩性歡娛之樂、天人合一之悟，很好地溢于紙端。

　　整冊《中國龍》以龍爲髓，總體〝百變〞（〝龍〞字在不停地變化）與〝不變〞（樣稿用全一色白宣紙、蒼佩室墨、隸書題款）相應相和，囊括了龍之霸氣、龍之神氣、龍之靈氣、龍之尊貴、龍之莊重、龍之力量、龍之升騰、龍之回旋、龍之呵吐等。如〝龍〞（見第5頁）筆勢飛動，虛實相間，具流動感和輕重變化，自然瀟灑；〝龍〞（見第77頁）風格豪放，綫條遒勁，布局妥貼，盡顯龍之盤旋體態；〝龍〞（見第101頁）結體方正勻整，綫條飽滿，筆意濃厚，具有端嚴凝重的藝術效果；〝龍〞（見第109頁）追仿龍形，筆畫瘦勁，結體開張，顯舒朗之勢……每一幅作品布局，皆以〝龍〞爲主體，題款如衆星捧月，或遥望、或穿插、或包圍、或友伴，大小錯落，生動有致，各盡其態，富有變化。全本百幅作品，乃進功搜諸史籍、回歸自然、俯仰觀察、細查性靈后，傾心傾力創獲之作。

　　寫實、傳神、妙悟，三者統一的作品方能被稱爲藝術。進功先生將此三者融會貫通，借用書法這一藝術形式，在精神上爲我們打造了一條騰雲駕霧之龍。這條〝龍〞〝顯靈〞在墨海青山之間，護佑中華民族國泰民安、吉祥安康，祈福神州大地風調雨順、五穀豐登！

　　我與進功爲友，今聞本集行將付梓，不勝雀躍，承囑寫幾句于首。因不辭固陋，略述以助觀斯册者。

（作者系中國作協會員、中國美協會員、安徽省美協副主席、美術教育研究雜志社社長、教授、博導）

規格：96*96cm　材質：紙本・蒼佩室墨

中　國　龍

　　在原始社會中，假借一種自然物作爲氏族標志，並尊爲神靈崇拜，稱爲圖騰。圖騰崇拜存在于世界各地。中國龍圖騰出現在母系社會早期女媧時代。神話傳說在上古時代洪水來襲，只有兄妹二人幸存。男的見蜥蜴交尾，告訴女的，二人結合，生雙胎，這一男一女便是現代人類始祖——伏羲、女媧。相傳伏羲、女媧均爲人面蛇身。他們所在的氏族稱華，圖騰是蛇。後來禹治水時鑿開一個山洞，巧遇伏羲，伏羲贈禹玉簡，禹用玉簡量度天地，平定水土。禹所在氏族稱夏，圖騰也是蛇，兩者是親族。當時生活在黃河中游地區的華族與夏族通過聯姻和武力，兼併、吸收其他小氏族，逐步形成以華、夏爲中心的多氏族合成，並由蛇漸次演變成龍圖騰的大氏族。隨著華夏氏族的不斷發展壯大，于是，龍就成了今天我們中華民族的象徵。

　　龍自產生的那一刻開始，便與炎黃子孫相伴相長、共榮共辱。商周賦予它威武，漢唐給予它大度；魏晉時，龍猶如竹林七賢，仙風道骨；在遼金，龍則似草原駿馬，恣肆奔騰；而到了清末，外國列強卻強迫使它低下了高貴的頭顱。帝王貴胄曾使它至尊無上，而民間百姓則讓它入鄉隨俗，安寧四方。

　　中國龍源于圖騰，超越圖騰。中華神龍雖然可以在自然界中找到某種原型，但並不是自然界中存在的實物，而是中華祖先基于民族文化觀念的創造，是華夏民族的文化符號。時至今日，依然保持強大生機，對中華民族仍有強大的感召力、凝聚力、向心力。

龍之源

第一章　進功署

1.龍是我國古代傳說中的靈異神物，是萬獸之首，萬能之神。

龍是中華民族進入農業社會後，創造的虛擬動物，與農業生產對水的需求密切相關。華夏先民認爲，龍可騰踔雲空，呼風化雨，滋潤禾苗。

龍是偉大的，又是虛無的，它只是一種精神，而不是物質。龍成爲中華民族的象征，四海之内炎黄子孫，皆爲龍的傳人。

龍是我國古代傳說中的靈異神物是萬獸之首萬能之神龍是中華民族進入農業社會後與農業生產對水的需求密切相關華夏先民認爲龍互騰踔雲空呼風化雨滋潤禾苗龍是偉大的又是虛無的它只是一種精神而不是物質龍成爲中華民族的象征四海之内炎黄子孫皆爲龍的傳人

壬辰荷夕吉日龍待進琳書於黎室以
老更成齋東旭

規格：86*136cm　材質：紙本・蒼佩室墨

規格：86*136cm　材質：紙本·蒼佩室墨

2.遼寧阜新查海原始村落遺址出土的〝龍形堆塑〞，距今約有八千年歷史。〝龍形堆塑〞位于村落遺址的中心廣場内，由大小均等的紅褐色石塊堆塑而成，全長十九點七米，寬近兩米，揚首張口，彎腰弓背，尾部若隱若現。這條堆塑石龍，是我國迄今為止發現的年代最早、形體最大的龍。

3.聞一多先生在他的名篇《伏羲考》中提出龍即大蛇，蛇即小龍。他認爲，蛇團族兼併別的團族以後，"吸收了許多別的形形色色的圖騰團族，大蛇才漸次接受了獸類的四脚、馬的頭、鬣的尾、鹿的角、狗的爪、魚的鱗和須"，綜合成一種"十不像"的虛擬神物，這便是龍。

規格：66*66cm　　材質：紙本·蒼佩室墨

4.龍有虯、虹、蟠螭、蛟、角龍、應龍、
火龍、蟠龍、蜃龍、蒼龍（青龍）等之分。

規格：68*68cm　材質：紙本・蒼佩室墨

規格：45*68cm 材質：紙本·蒼佩室墨

5.虺。虺是華夏先民以蛇爲原型虛構出來
的早期龍，常在水中。虺五百年化爲蛟，蛟千年
化爲龍。

6.虬。虬是成長中的龍。頭上沒有長出角的小龍稱爲虬龍，古文獻記載："無角曰虬，有角曰龍。"也有文獻説，幼龍長出角后才稱虬。

規格：50*58cm　　材質：紙本·蒼佩室墨

蟠螭在我國最早的一部詞典廣雅中育無角曰螭龍
的記載蟹是一種沒有角的早期龍還育一說蟠龍
是一種黃色的無角龍另一說是指雌性的龍
漢書
司馬相
如傳中
有赤螭
雌龍也

居德居於玲進特龍日吉秋孟辰王之也

規格：68*68cm   材質：紙本·蒼佩室墨

7. 蟠螭。在我國最早的一部詞典《廣雅》中有
"無角曰螭龍"的記述，是一種沒有角的早期龍。還
有一説蟠龍是一種黃色的無角龍，另一説是指雌性的
龍；《漢書·司馬相如傳》中有"赤螭，雌龍也"之
句。

規格：45*68cm　材質：紙本·蒼佩室墨

8.蛟。指能發洪水的有鱗的龍。關於蛟的來歷和形狀，古典文獻記述不一，有說"龍無角曰蛟"，有說"有鱗曰蛟龍"。相傳蛟龍得水，便能騰踔太空，興雲布雨。

9.角龍。是長了角的龍。據南朝任昉《述異記》記述：〝蛟千年化爲龍，龍五百年爲角龍。〞角龍，乃龍中老者了。

角龍
是長了角的龍
據南朝任昉述異
誌記載蛟千年化
爲龍龍五百年爲
角龍角龍乃龍
中老者了
王辰吉日
啓功

規格：45*68cm　　材質：紙本·蒼佩室墨

應龍有翼之龍黃帝特名神龍禹特黃龍據述異志記載龍五百年爲角龍千年爲應龍可謂龍中老者了故長出了翅膀相傳在上古時期應龍奉黃帝之令討伐并斬殺了蚩尤臣成爲功臣禹治水時它以尾掃地疏導洪水而立功成爲禹的功臣張進珍書

規格：68*92cm　材質：紙本·蒼佩室墨

10.應龍。是有翼之龍。黃帝時名神龍，禹時名黃龍。據《述異記》載："龍五百年爲角龍，千年爲應龍。"可謂龍中之精，故長出了翅膀。相傳在上古時期，應龍奉黃帝之令討伐並斬殺了蚩尤，成爲功臣。在禹治水時，它以尾掃地，疏導洪水而立功，成爲禹的功臣。

11.火龍。相傳火龍是開天闢地時出現的龍，全身被紅色的火焰包圍。火龍給混沌初開的世界帶來了光明和可供人類生存的火焰。

規格：54*68cm　材質：紙本・蒼佩室墨

12.蟠龍。是蟄伏在地而未升天之龍，常爲
盤曲環繞之狀。在我國古代建築中，通常把盤繞
在梁柱上的龍稱爲蟠龍。

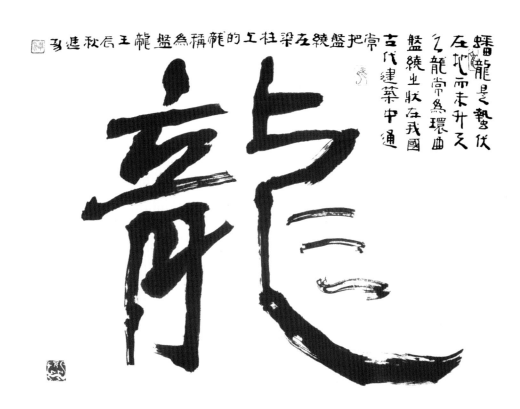

規格：54*68cm　材質：紙本・蒼佩室墨

蜃龍傳說常年棲息在海邊模樣似蛟的龍蜃龍功力非凡從其口

龍

佳珍書 壬辰金秋吉日

的海市蜃樓
在活動這就是常說
穿戴華麗的貴人們
幻影甚至可以看到
豪華的亭臺樓閣
中吐出的氣可見到

規格：48*91cm　　材質：紙本・蒼佩室墨

13.蜃龍。傳說常年棲息在海邊，模樣似蛟
的龍。蜃龍功力非凡，從其口中吐出的氣，可見
到豪華的亭臺樓閣幻影，甚至可以看到穿戴華麗
的貴人們在活動。這就是常說的海市蜃樓。

規格：45*68cm　　材質：紙本·蒼佩室墨

14.青龍。又稱蒼龍，乃"四靈"之一。"四靈"即青龍、朱雀、白虎、玄武，又稱"四神"，分別代表東、南、西、北四個方位，並以青、紅、白、黑四種顏色與之相配應。龍表示東方，因此，青色又稱"東宮青色"。

15. 據戰國時期魏國史書《竹書紀年》記載：伏
羲氏各氏族中有飛龍氏、潛龍氏、居龍氏、降龍氏、
土龍氏、水龍氏、青龍氏、赤龍氏、白龍氏、黑龍
氏、黃龍氏等。

規格：68*68cm　材質：紙本·蒼佩室墨

16.《太上洞淵神咒經》以東、南、西、北、中方位將龍分爲東方青龍帝青龍王、南方赤龍帝赤龍王、西方白龍帝白龍王、北方黑龍帝黑龍王、中央黃龍帝黃龍王。宋大觀二年（1108）詔天下五龍皆爲王爵，封青龍神爲廣仁王，赤龍神爲嘉澤王，白龍神爲義濟王，黑龍神爲靈澤王，黃龍神爲孚應王。

規格：68*68cm　材質：紙本·蒼佩室墨

規格：68*68cm　材質：紙本·蒼佩室墨

17.《太上洞淵神咒經》以海洋將龍分爲"四海龍王"，東方東海龍王、南方南海龍王、西方西海龍王、北方北海龍王。《西游記》裏稱東海龍王敖廣、南海龍王敖潤、西海龍王敖欽、北海龍王敖順。

太上洞淵神咒經以天地萬物將龍分爲五十四名龍王日月龍王星宿龍王天宮龍王龍宮龍王天門龍王閻羅龍王地獄龍王天德龍王地德龍王天人龍王飛人龍王蓮華龍王花林龍王五嶽龍王山川龍王又加殺鬼龍王伽羅吞鬼龍王小吉龍王大吉龍王金光龍王金色龍王陽氣龍王陰氣龍王醫藥龍王獅子龍王鎮國龍王鎮宅龍王錢財龍王井竈龍王金銀龍王珍寶龍王庫藏龍王富貴龍王五岡龍王五穀龍王金頭龍王衣食龍王官職龍王官祿龍王江海龍王雲海龍王淮海龍王山海龍王淵海龍王國土龍王州縣龍王城市龍王靈壇龍王風伯龍王振動龍王雲雨龍王大雨龍王散水龍王天雨龍王辛卯夕吉日進珍書於宜埠縲多以老更戌書

規格：68*136cm　材質：紙本·蒼佩室墨

18.《太上洞淵神咒經》以天地萬物將龍分列爲五十四名龍王：1、日月龍王；2、星宿龍王；3、天宮龍王；4、龍宮龍王；5、天門龍王；6、羅龍王；7、地獄龍王；8、天德龍王；9、地德龍王；10、天人龍王；11、飛人龍王；12、蓮華龍王；13、花林龍王；14、五嶽龍王；15、山川龍王；16、又加殺鬼龍王；17、伽羅吞鬼龍王；18、小吉龍王；19、大吉龍王；20、金光龍王；21、金色龍王；22、陽氣龍王；23、陰氣龍王；24、醫藥龍王；25、獅子龍王；26、鎮國龍王；27、鎮宅龍王；28、錢財龍王；29、井竈龍王；30、金銀龍王；31、珍寶龍王；32、庫藏龍王；33、富貴龍王；34、五岡龍王；35、五穀龍王；36、金頭龍王；37、衣食龍王；38、官職龍王；38、官祿龍王；40、江海龍王；41、雲海龍王；42、淮海龍王；43、山海龍王；44、淵海龍王；45、國土龍王；46、州縣龍王；47、城市龍王；48、靈壇龍王；49、風伯龍王；50、振動龍王；51、雲雨龍王；52、大雨龍王；53、散水龍王；54、天雨龍王。

19.據清編《淵鑒類函》記載 "龍有胎、卵、濕、化四種"繁衍形式，後來人們又把 "卵"視爲"珠"，與"龍珠"混同。

據清編淵鑒類函
記載龍有胎卵濕化
卵種繁衍形式後來
人們又把卵視爲珠與
同混珠龍
長辰仲更
書于龍待
建功
宜坪
老圇
成院
東案
棄

龍生九子龍生九子之說了遠文字識載也了各有不同從生九子而不成
龍但各有其長所謂龍生九子並非龍恰好生了九子在中
表示極多有至高無上的地位九是虛數也是貴數
王辰孟秋龍符
琴鶴小吏 進珍 書于宣味
國傳統文化中九

規格：50*101cm　　材質：紙本・蒼佩室墨

20.龍生九子。龍生九子一説久遠，文字記
載也各有不同。龍生九子，九子不成龍，但各有
其長。所謂〝龍生九子〞，並非龍恰好生了九
子。在中國傳統文化中，九表示極多，有至高無
上的地位。九是個虛數，也是貴數。

21.龍子一，囚牛。平生喜愛音樂，懂聲
律。今胡琴等樂器柄頭上常刻有龍形之獸，是其
形象遺存。

規格：45*68cm　　材質：紙本·蒼佩室墨

22.龍子二，睚眦。平生好争鬥厮殺，主戰争。後來刀、劍柄上刻有龍口、龍柄，是其形象遺存。

龍子二睚眦
平生好争斗厮殺主戰争
後來刀剣柄上刻有龍口龍
柄是其形象遺存　進寶

規格：45*68cm　材質：紙本·蒼佩室墨

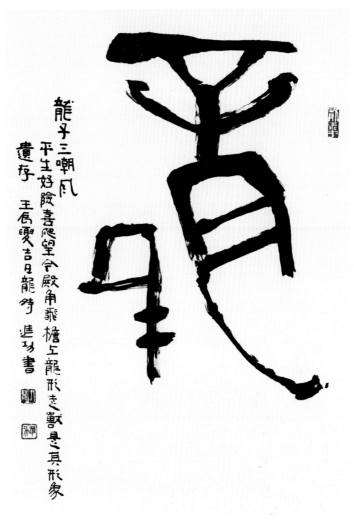

龍子三嘲風

平生好險喜爬望今殿角飛檐上龍形走獸是其形象

遺存　壬辰夏吉月龍笋　連珍書

規格：45*68cm　材質：紙本・蒼佩室墨

　　23.龍子三，嘲風。平生好險，喜爬望。今殿角飛檐上的龍形走獸，是其形象遺存。

24.龍子四，蒲牢。平生好吼，聲高如鐘。今鑄鐘上一般都鑄有龍獸鈕，是其形象遺存。

龍子四蒲牢
平生好吼聲高
如鐘今鑄鐘一般
都鑄有龍獸鈕
是其形象遺存
壬辰 進珍

規格：45*68cm　材質：紙本·蒼佩室墨

龍子五，狻猊。平生好坐，喜煙火。今佛座獅子和香爐上獸形耳鈕是其形象遺存　進功

規格：45*68cm　　材質：紙本·蒼佩室墨

25.龍子五，狻猊。平生好坐，喜烟火。今佛座獅子和香爐上獸形耳鈕，是其形象遺存。

26.龍子六，霸下。平生好負重，力大無窮。今祠寺碑座下的龜形獸，是其形象遺存。

龍子六霸下
平生好負重力大無
窮今祠寺碑座下的
龜形獸是其形象遺
存 壽進玲書

規格：45*68cm　材質：紙本·蒼佩室墨

龍子七狴犴
平生好獄訟有威力常
在獄中守候舊時牢獄
大門刻有獸形頭像是其
形象遺存
壬辰進玲書

規格：45*68cm　　材質：紙本·蒼佩室墨

27.龍子七，狴犴。平生好獄訟、有威力，
經常在牢獄中守候。舊時牢獄大門刻有獸形頭
像，是其形象遺存。

龍子八負屓
平生好文喻理常
爲文章通常碑刻
兩旁隆形文龍是
其形象遺存

壬辰造工

規格：45*68cm　材質：紙本·蒼佩室墨

28.龍子八，負屓。平生雅好詩文，常爲文章。通常盤繞在碑刻頂端或兩旁的條形文龍，是其形象遺存。

29.龍子九，螭吻（貔貅）。吉祥瑞獸，好財寶，平生好吞，只進不出。今殿脊獸頭是其形象遺存。民間將其奉爲聚財神。

龍子九螭吻·貔貅
吉祥瑞獸好財寶平生好吞只進
不出今殿脊獸頭是其形象遺存
民間將其奉爲財神　進功

規格：45*68cm　材質：紙本·蒼佩室墨

規格：68*68cm　材質：紙本·蒼佩室墨

30.在原始社會中，假借一種自然物作爲氏族標志，並尊爲神靈崇拜，稱爲圖騰。圖騰崇拜存在于世界各地。中國龍圖騰出現在母系社會早期女媧時代。神話傳說在上古時代洪水來襲，只有兄妹二人幸存。男的見蜥蜴交尾，告訴女的，二人結合，生雙胎，這一男一女便是現代人類始祖——伏羲、女媧。相傳伏羲、女媧均爲人面蛇身。他們所在的氏族稱華，圖騰是蛇。後來禹治水時鑿開一個山洞，巧遇伏羲，伏羲贈禹玉簡，禹用玉簡量度天地，平定水土。禹所在氏族稱夏，圖騰也是蛇，兩者是親族。當時生活在黄河中游地區的華族與夏族通過聯姻和武力，兼併、吸收其他小氏族，逐步形成以華、夏爲中心的多氏族合成，並由蛇漸次演變成龍圖騰的大氏族。隨着華夏氏族的不斷發展壯大，于是，龍就成了今天我們中華民族的象征。

龍之形

第二章

進功署

主體是蛇若抽去了蛇的形體便不是龍了
王辰荷月吉日龍特進珍書於松軒以六十更成齋

龍是多種動物的綜合體
是早期人類社會的圖騰
崇拜物東漢王充的論衡云
龍之像馬首蛇尾蛇盡管龍
的形體千變萬化但它的

規格：68*136cm　材質：紙本·蒼佩室墨

31. 龍是多種動物的綜合體，是早期人類社會的圖騰崇拜物。東漢王充的《論衡》云：〝龍之像，馬首蛇尾。〞盡管龍的形態千變萬化，但它的主體原型是蛇，若抽去了蛇的形體，便不是龍了。

32.宋代羅願《爾雅翼》云：龍者，鱗蟲之長，
其形有九似：頭似牛，角似鹿，眼似蝦，耳似象，項
似蛇，腹似蜃，鱗似魚，爪似鳳，掌似虎，是也。其
背有八十一鱗，具九九陽數。其聲如戛銅盤。口旁有
鬚髯，頷下有明珠，喉下有逆鱗。頭上有博山（又名
尺木），龍無尺木不能升天。

規格：68*68cm　材質：紙本・蒼佩室墨

規格：45*68cm　　材質：紙本・蒼佩室墨

33.李時珍《本草綱目》云："龍形有九：頭似駝，角似鹿，眼似兔，耳似牛，頸似蛇，腹似蜃，鱗似鯉，爪似鷹，掌似虎，是也。"

34.據三國時張輯編著的《廣雅》記載：有
鱗曰蛟龍，有角曰虬龍，無角曰螭龍，有翼曰應
龍，未升天曰蟠龍。

規格：45*68cm　　材質：紙本‧蒼佩室墨

35.龍之爪，有時間、品
位之分。元之前，龍為三爪，
亦少有前足二爪后足四爪。明
流行四爪，清則以五爪龍居
多。"五爪天子、四爪諸侯、
三爪大夫"，"五爪為龍，四
爪為蟒"的説法，形成于清
代。

龍之爪有時間品位之
分元之前龍為三爪亦少
有前足二爪後足四爪明
流行四爪清則以五爪居多
五爪天子四爪諸侯三爪大
夫五爪為龍四爪為蟒的説
法形成于清代
壬辰荷月吉日龍時
琴鶴卜史進珍書

規格：48*91cm　　材質：紙本·蒼佩室墨

規格：48*91cm　材質：紙本・蒼佩室墨

36.龍爪之形成，大致分爲夔龍期、應龍
期、黃龍期、回歸期四個時期。

規格：68*68cm　材質：紙本 · 蒼佩室墨

37.夔龍期。約自仰韶文化、大溪文化、屈家嶺
文化、大汶口文化、龍山文化期，經商周，延續到秦
漢時期。這一時期的龍以商周的夔龍爲代表。此時龍
一鷙足，多爲彎月形二爪，亦少有四爪。

38.應龍期。應龍的概念早見于商周，但作爲圖案藝術分期則始于秦，盛于漢，延至隋唐，其足多爲三爪。

規格：68*68cm　材質：紙本·蒼佩室墨

規格：48*91cm　　材質：紙本・蒼佩室墨

39.黃龍期。始于隋、唐、遼、宋、元奠定
了形象基礎，盛于明、清。宋、遼、金、元多爲
三爪，明、清多爲四爪、五爪。自元起，只有皇
家可用五爪龍造型，民間只能用三爪或四爪圖
案。

40.回歸期。清以后至現當代，龍與封建統治者脫離了關係，回歸到民眾中來，人們可以按喜好使用三、四、五爪龍造型。但五爪龍在歷史上有過顯赫地位，故人們普遍偏愛五爪龍造型。

規格：68*92cm　材質：紙本·蒼佩室墨

41.甲骨文龍字從"辛"字頭，從"蟠曲之體"，爲會意兼形字。"辛"字象棘刺之形，本義爲"鐵腕手段"，引申義爲"威權"；"蟠"字義爲"身形左曲右曲呈波浪狀行進的蛇"。"辛"與"蟠曲之形"結合爲一體，表示一種"蛇形威權動物"。

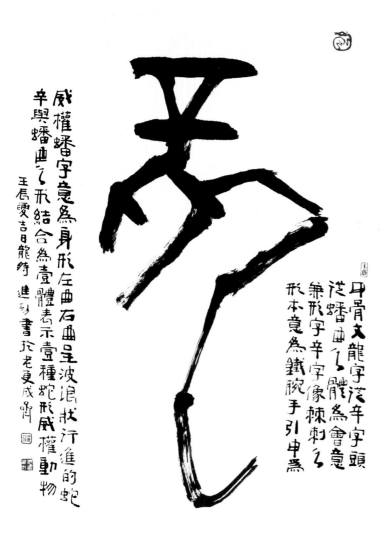

規格：45*68cm　材質：紙本·蒼佩室墨

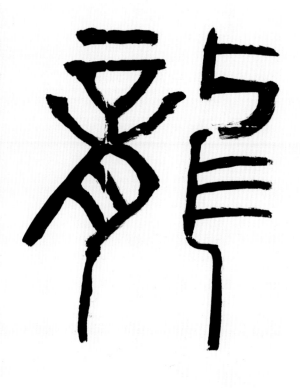

篆文龍字左爲辛肉右爲鱗蟲蟠出形辛指威權肉指實體辛與肉結合起來表示威權實體蟠曲表示蛇身左右彎曲扭擺的游移動作蟠曲形體上排列的短劃抽象地表示鱗片肢爪王辰孟秋吉日龍時進场書於宣堻市蔡成俊東脕

規格：50*58cm 材質：紙本·蒼佩室墨

42. 篆文龍字左爲“辛肉”，右爲“鱗蟲蟠曲之形”。“辛”指“威權”，“肉”指“實體”。“辛”與“肉”結合起來，表示“威權實體”。“蟠曲”表示蛇身左右彎曲扭擺的游移動作。蟠曲形體上排列的短劃，抽象地表示“鱗片肢爪”。

43.楷書繁體龍字，左爲〝立肉〞，右爲大致的〝弓〞形。〝立〞爲〝辛〞省，與〝帝〞字頭同源，表示〝威權〞之義。右邊的弓形表示〝形體蟠曲〞，上爲頭，下爲尾，中間有排列的橫道，象征龍的鱗片肢爪。

楷書繁體龍字左爲立肉右爲大致的弓形立爲辛省與帝字頭同源者示威權之意右邊弓形表示形體蟠曲上爲頭下爲尾中間有排列的橫道象征龍的鱗片肢爪

琴鶴小史進珍書
壬辰荷月吉日龍待

規格：47*91cm　　材質：紙本・蒼佩室墨

草書龍字形體多變化，但萬變不離其宗，即蛇之扭擺游弋之勢，表示龍自如行游于山水之間，翻奔于濃雲雷電之中，呼風喚雨，播撒甘霖之狀態。

44.草書龍字形體多變化，但萬變不離其宗，即蛇之扭擺游弋之勢，表示龍自如行游于山水之間，翻奔于濃雲雷電之中，呼風喚雨，播撒甘霖之狀態。

規格：34*136cm　材質：紙本·蒼佩室墨

龍之龍

第三章　進功署

東漢許慎《說文解字》云：龍，鱗蟲之長，能幽能明，能細能巨，能短能長，春分而登天，秋分而潛淵。

潛淵玉辰春龍節進珍書

45.東漢許慎《說文解字》云："龍，鱗蟲之長，能幽能明，能細能巨，能短能長，春分而登天，秋分而潛淵。"

規格：68*136cm　材質：紙本·蒼佩室墨

46.清編《淵鑒類函》卷引《內典》記載，龍有四職之分：守天宮殿持令不落者謂天龍；興雲致雨益人間者謂神龍；決江開瀆者謂地龍；守王大福人藏者謂伏藏龍。

規格：66*66cm　材質：紙本·蒼佩室墨

規格：68*92cm　　材質：紙本・蒼佩室墨

47.曹操煮酒論英雄曰："龍能大能小，能升能隱；大則興雲吐霧，小則隱介藏形；升則飛騰于宇宙之間，隱則潛伏于波濤之内。方今春深，龍乘時變化，猶人得志而縱橫四海。龍之爲物，可比英雄也。"

48.龍者，春分登天，秋分入淵，
呼風喚雨，無所不能！

規格：50*58cm　材質：紙本・蒼佩室墨

規格：28*75cm　材質：紙本·蒼佩室墨

49.雲從龍，龍降水，水生萬物！

規格：68*68cm　　材質：紙本‧蒼佩室墨

50.龍降水，水生雲，雲載龍，龍在天地間！

51.龍以排山倒海之勢，雷霆萬鈞之力，潤澤九州之精神，屹立于世界之東方！

規格：48*90cm　材質：紙本·蒼佩室墨

龍的足，爲九州列土封疆；龍的心，爲民族寄托希望；龍的魂，爲華夏孕育精良；龍的骨，爲中國鑄造脊梁龍的精神開創中華復興新篇章

規格：34*136cm 材質：紙本·蒼佩室墨

52.龍的足，爲九州列土封疆；龍的心，爲民族寄托希望；龍的魂，爲華夏孕育精良；龍的骨，爲中國鑄造脊梁；龍的精神，開創中華復興新篇章！

53.中國龍源于圖騰，超越圖騰。中華神龍雖然可以在自然界中找到某種原型，但並不是自然界中存在的實物，而是中華祖先基于民族文化觀念的創造，是華夏民族的文化符號。時至今日，依然保持強大生機，對中華民族仍有強大的感召力、凝聚力、向心力。

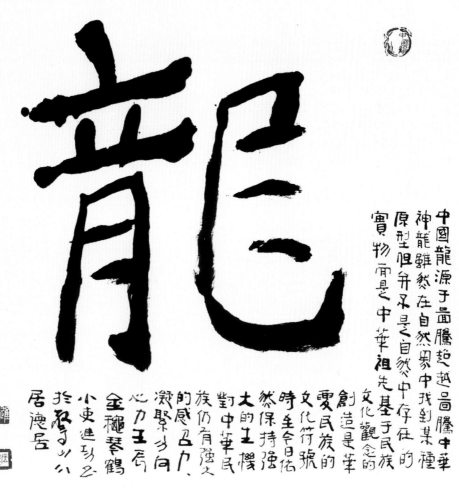

規格：68*68cm　　材質：紙本·蒼佩室墨

龍之品

第四章 進功署

自強不息乾龍健 日新其德完美志

王辰梅夕吉日 進珍書

規格：68*136cm　材質：紙本·蒼佩室墨

54.自强不息乾龍健，日新其德完美志。

55．＂潛龍勿用。＂子曰：龍德而隱者
也。不易乎世，不成乎名；遯世無悶，不見是
而無悶；樂則行之，憂則違之，確乎其不可
拔，潛龍也。

規格：68*92cm　材質：紙本·蒼佩室墨

子曰龍德而正中
者也庸言之信
庸汀业謹閑邪
存其誠善世而不
伐德博而化易曰
利見大人
君德也
見龍
在田

王氏君
金樞
龍詩
書於
煑

規格：68*68cm　材質：紙本·蒼佩室墨

56.子曰：龍德而正中者也。庸言
之信，庸行之謹，閑邪存其誠，善世而
不伐，德博而化。《易》曰："見龍在
田，利見大人。" 君德也。

57."龍躍在淵，無咎。"子曰：
上下無常，非爲邪也。進退無恒，非
離群也。君子進德修業，欲及時也，
故無咎。

規格：68*68cm 材質：紙本·蒼佩室墨

規格：54*68cm　　材質：紙本・蒼佩室墨

58.〝飛龍在天，利見大人。〞子曰：同聲
相應，同氣相求。水流濕，火就燥。雲從龍，風
從虎。聖人作而萬物睹，本乎天者親上，本乎地
者親下，則各從其類也。

規格：68*68cm　材質：紙本·蒼佩室墨

59.《易》曰：〝潛龍勿用〞，下也。〝見龍在田〞，時舍也。〝終日乾乾〞，行事也。〝或躍在淵〞，自試也。〝飛龍在天〞，上治也。〝亢龍有悔〞，窮之災也。

60.《易》曰：潛龍勿用，陽氣潛藏。見龍在田，天下文明。龍躍在淵，乾道乃革。龍飛在天，乃位乎天德。亢龍有悔，與時偕極。

規格：45*68cm　材質：紙本·蒼佩室墨

規格：45*68cm　材質：紙本·蒼佩室墨

61.　"亢龍有悔。"子曰：貴而無位，高而無民，賢人在下位而無輔，是以動而悔也。

62.《易》曰：見龍在田，德施普也。

規格：45*68cm　材質：紙本·蒼佩室墨

63.《易》曰：龍躍在淵，乾道乃革。

規格：28*75cm　材質：紙本·蒼佩室墨

規格：45*68cm 材質：紙本·蒼佩室墨

64.《易》曰：飛龍在天，乃位乎天德。

65.久旱逢甘霖，乃人生一大快事也。龍播
久旱甘霖，猶如母之哺乳于饑兒。

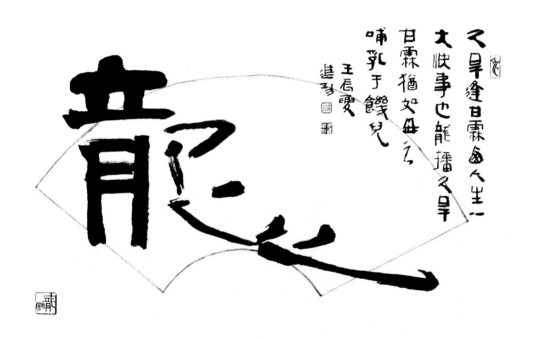

規格：45*68cm　材質：紙本·蒼佩室墨

66.大旱之望雲霓，龍之
興雲布雨，豐澤天下，萬民
刻骨銘心也。

大旱之望雲霓，龍之興雲布雨，豐澤天下，萬民刻骨銘心也。壬午荷夕進珍

規格：34*136cm　材質：紙本·蒼佩室墨

龍身能隱能現能巨能細能短能長
龍風能雨能高能低能上能下之美
德也

壬辰金秋吉日 進寫

67. 龍有能隱能現、能巨能
細、能大能小、能短能長、能風能
雨、能高能低、能上能下之美德
也。

規格：45*136cm　材質：紙本　蒼佩室墨

68.龍翔和諧，天人合一。生和諧之心，說和諧之話，做和諧之事，則家和業興，國泰民安，天下太平。

規格：47*91cm　材質：紙本·蒼佩室墨

69.中國龍以東方特有的形式，與華夏文明一同成長。在儒、釋、道及中國傳統文化的滋潤下，孕育成中國文化不可忽缺的組成部分。

中國龍以
東方特有
形式與華
夏文明一同
成長在儒
釋道及
中國傳統
文化的滋潤
下孕育成
中國文化
不可忽缺的
組成部分
壬辰菊月
建功書

規格：68*68cm　　材質：紙本・蒼佩室墨

追求天人關係的和諧仁者愛人的主體觀追求人際關係的
諧陰陽交合的發展觀追求陰陽關係的和諧兼容并蓄的文
化觀追求多元文化關係的和諧王志愛龍待進珍書

中國龍文化中蘊含著中國人天人合一的宇宙觀

規格：68*68cm　　材質：紙本 · 蒼佩室墨

70.中國龍文化中蘊含著中國人天人合一的宇宙
觀，追求天人關系和諧；仁者愛人的主體觀，追求人
際關係的和諧；陰陽交合的發展觀，追求陰陽關係的
和諧；兼容並蓄的文化觀，追求多元文化關係的和
諧。

龍與道教

第五章

進功 署 [印] [印]

規格：68*136cm　材質：紙本·蒼佩室墨

71.早期道學家就意識到龍來源于蛇。東晋葛洪所著《抱樸子》（黃白篇），有"蛇之成龍，亦與自生者無異也。然其根源之緣由，皆自然之感致"的記述。先秦時期乘龍周洲四海、乘龍升天，以及以龍溝通天人的信仰，被道教全盤繼承。佛教傳入中國后，道教引進佛教龍王並加以改造，形成自己的龍王信仰。

道教以三轎此爲上天入地的乘騎工具一曰龍轎二曰虎轎三曰鹿轎龍在道教中是助道師此法時上天入地溝通鬼神的乘騎主要工具

壬辰夏龍特　進珍書

規格：68*68cm　材質：紙本・蒼佩室墨

考古發掘濮陽第卌十五號墓的墓主
是仰韶文化社會中的原始巫師・道士
他用蚌殼擺塑的龍虎鹿乃是後來道
三轎的早期原型　壬辰進珍

規格：54*68cm　　材質：紙本・蒼佩室墨

73.考古發掘濮陽第四十五號墓
的墓主是仰韶文化社會中的原始巫師
（道士），他用蚌殼擺塑的龍、虎、鹿
乃是后來道教"三轎"的早期原型。

74.龍在道教中的傳說很多。相傳道教第三代天師張魯，養有十個兒子，均與龍有緣，號稱＂張氏十龍＂。

規格：47*91cm 材質：紙本・蒼佩室墨

規格：50*58cm　材質：紙本・蒼佩室墨

75.相傳道教第三代天師張魯之女下山
洗衣，忽然白霧繞身，竟未婚而孕，羞恥自
縊，亡前囑剖看腹中何物，結果腹中孕雙胞
胎小龍，家人將小龍放入漢水。

76.道教代表人物都被説成與龍有神秘關係，如南朝時有〝山中宰相〞美譽的道教代表人物陶弘景，傳説其母夢見自己懷中飛出一條青龍，但却没有尾巴。隨后，懷孕生下陶弘景。解夢人説，他是龍種，無後。陶弘景終生未娶，無子嗣。

規格：28*75cm　　材質：紙本·蒼佩室墨

規格：68*92cm　　材質：紙本·蒼佩室墨

77.天師召龍夷險灘。唐人筆記小説《酉陽雜俎·怪術》云：一個名叫雲安的財主，近江有十五里險灘，舟楫過往靠拉縴通行。天師翟乾念商旅之勞，結壇作法，命群龍夷平險灘，以利舟楫。應者十四，均化老者領命而去。一夜間，風雷震擊，十四里險灘盡爲平潭，一灘尚存，天師復救神吏追之。三日后一女子來到，原來是條雌龍。申辯説："余寧要險灘以贍傭員，不可利舟楫以安富商。所以不至，理在此也。"乾善其言，又命群龍復其故，風雷頃刻，灘如舊險矣。

龍興佛教

第六章

進功署

規格：68*136cm　　材質：紙本・蒼佩室墨

78.中國龍與印度龍之異同

其一，中國龍崇拜早在七千年前就十分普遍，遼寧查海龍形堆塑已有八千年歷史。印度最早是公元前一世紀的壁畫《龍王及其家族》和紀元前后的《龍族向菩提樹禮拜》，晚于查海堆塑龍五千年左右。

其二，古印度梵文中沒有龍的專用詞，最早文字記載是龍樹于公元二世紀所著《智度論》，距今一千八百年左右。中國早在三千五百年前的甲骨文中就多處出現"龍"的專用字了。

其三，在印度動物崇拜中，金翅鳥至高無上，而龍只是一般神靈，沒有至尊至上的地位。在中國，龍的地位遠在凰鳥之上，是皇權和帝王的象征。

其四，在印度，龍王是佛的信徒，供養者、守護神。在中國，受儒、道文化影響，龍王是玉皇大帝部下，有仁、義、信、夫婦、弟兄、父子之情，有善惡之分。

其五，在中國，龍能升天入地，溝通天人，爲神仙乘馭。如黃帝乘龍升天，顓頊、帝嚳、啓亦乘龍往來。在印度佛教中，龍沒有這種神性。大神的乘騎是金翅鳥，文殊菩薩乘騎是獅子，普賢菩薩的乘騎是白象。

其六，中國龍、印度龍王神性的共同點，都是主宰雨水、大海、湖泊等水域。

規格：66*66cm　　材質：紙本・蒼佩室墨

79.龍珠。《莊子·列禦寇》云：〝千金
之珠，必在九重之淵而驪龍頷下。〞即龍口中
含的那顆類似珍珠的寶珠。佛教中的摩尼珠，
又稱如意珠，似同中國龍文化中的龍珠。

80.戲龍珠。戲龍珠形象是佛教東傳后出現的。唐之前，對稱的雙龍之間夾持的是玉璧或錢幣圖案，唐以后，方有龍戲珠形象，這與當時佛教興盛有著密不可分的淵源關係。

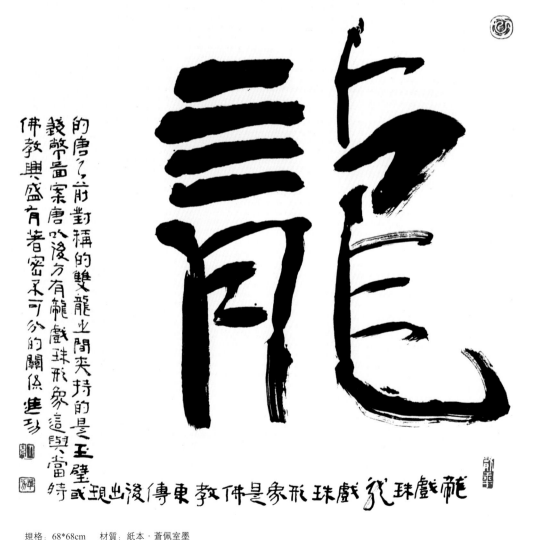

規格：68*68cm　材質：紙本·蒼佩室墨

二龍戲珠·太陽崇拜。二龍戲珠圖案其珠多為火焰升騰球形珠下面是海水曰火球出海是太陽升起在海平面的場景故又稱太陽出海古代叫神中青龍代表東方東方是太陽升起的地方因此二龍戲珠就是太陽崇拜之意了 王喬荷乡連習書

規格：46*90cm　材質：紙本·蒼佩室墨

81.二龍戲珠·太陽崇拜。二龍戲珠圖案，其珠多爲火焰升騰，球形珠下面是海水，曰"火球出海"，是太陽升起在海平面的場景，故又稱"太陽出海"。古代"四神"中，青龍代表東方，東方是太陽升起的地方。因此，二龍戲珠就有太陽崇拜之意了。

82．二龍戲珠・生育崇拜（生命崇
拜）。龍分雌雄，這是"二龍"戲珠圖案主
要成因。如果將"珠"作"卵"解，則爲父
母共同呵護子女；如作太陽解，則雌雄共迎
太陽升起，普照大地，萬物爭生。

二龍戲珠生命
育崇拜龍分雌
雄這是二龍
戲珠圖案主
要成因如果
將珠作卵解則爲
父共同
子女護呵
如子太陽解
太陽共迎
雌雄
解則
共迎
太陽
升起
普照
大地
萬物
爭生王辰初
覆琴鶴小吏
進珍書于宣
執筆弓以公
老更成齋苦
帥圍荷池出
東觀日帚淨

規格：68*92cm　　材質：紙本・蒼佩室墨

吞珠化龍在我國南方廣爲流傳一家貧如洗少年得一明珠此珠放米缸長米入錢櫃生錢某財主得知後帶人來搶珠

少年情急之下將珠含入口中滑入肚内于是口渴無比喝乾了缸水河水于是頭上長出了角眼睛外凸身上長出鱗化爲龍了進玟書

規格：45*136cm 材質：紙本·蒼佩室墨

83.吞珠化龍。在我國南方廣爲流傳一家貧如洗少年，得一明珠，此珠放米缸長米，入錢櫃生錢。某財主得知后，帶人來搶珠。少年情急之下，將珠含入口中，滑入肚内。于是口渴無比，喝乾了缸水、河水，于是頭上長出了角，眼睛外凸，身上長出鱗，化爲龍了。

規格：68*68cm　　材質：紙本·蒼佩室墨

84.《妙法蓮華經》稱龍王有八：
難陀龍王、跋難陀龍王、娑伽羅龍王、
和修吉龍王、德義迦龍王、阿那婆達多
龍王、摩那斯龍王、伏鉢羅龍王。

龍與風俗

第七章

進功署

龍者生肖龍在十二生肖
中居第五位是唯一没
有實物的屬相龍與十
二地支配屬辰
故龍年
又稱辰龍年
一天十二個時
辰中的辰時
是上午七時
至九時所以
辰時又稱龍
時

壬辰秋吉日
進琦書

規格：68*92cm　　材質：紙本・蒼佩室墨

　　85.龍辰生肖。龍在十二生肖中居第五位，是唯
一没有實物的屬相。龍與十二地支配屬"辰"，故龍
年又稱"辰龍"年。一天十二個時辰中的"辰時"，
是上午七時至九時，所以，"辰時"又稱作"龍
時"。

86.春龍節。

二月二，龍抬頭；大倉滿，小倉流。

民間傳說，農曆二月初二是天上主管雲雨的龍王抬頭的日子。從節氣上說，到了農曆二月初二左右，正值驚蟄、春分節氣，天氣漸暖，降水明顯增多。所以，“驚蟄龍抬頭，春分龍登天”了。早在元代，就有詳細文字記載。每到春龍節，我國北方大部分地區，家家户户都打着燈籠到河邊（井邊）挑水回家，燒香上供，人們把這種儀式叫做 “引田龍”。也有的地方用白石灰從門外蜿蜒撒入廚房，繞水缸一周，叫“引龍回”。此外，還要吃面條、爆玉米花等，比作“金豆開花，龍王升天，興雲布雨，五穀豐登”。

規格：68*68cm 材質：紙本·蒼佩室墨

　　87.舞龍燈。龍是中華民族的吉祥神物，在節慶、廟會、祭神等活動時，都有＂舞龍＂習俗。據漢代董仲舒《春秋繁露》記載，它起源于漢，經歷代而不衰。爲了祈雨，人們身穿着各色彩衣，舞起各色長龍。漸漸地，＂舞龍＂成了表達人們良好期願、祈求人壽年豐、宣泄情感的重要形式。經數千年發展，全國龍燈有上百種，表現形式也多種多樣，一般爲三種：第一種是看龍，講究裝飾；第二種是舞龍，講究上下左右翻動自如；第三種是龍燈，要能點燃蠟燭。在舞龍燈時，常有數盞雲燈伴隨，並在夜間翻舞，場面壯觀。

舞龍燈龍是中華民族的吉祥物在節慶廟會祭神荨活動特都有舞龍習俗據漢代董仲舒春秋繁露記載它起源于漢經歷代而不衰爲了祈雨人們身穿各色彩衣舞起各色長龍漸漸地舞龍成了表達人們良好期願祈求人壽年豐宣泄情感的重要形式經數千年發展全國龍燈有上百種表現形式多種多樣一般爲三種第一種是看龍講究裝飾第二種神舞龍燈特常要龍點燃蠟燭第三種是龍燈下左右翻動自如種多樣一般爲三講究裝飾第二神第一種是看龍種是舞龍講究任舞龍燈特常要龍點燃蠟燭骨數盞雲燈伴隨弄任夜間翻舞場面壯觀

進珍書 壬辰荷月吉日書

規格：48*91cm　材質：紙本·蒼佩室墨

88.賽龍舟。賽龍舟與龍有悠久的淵源關係。一曰爲紀念偉大詩人屈原的不幸冤死。據北周宗懍在《荆楚歲時記》中記載，"屈原以是日（五月五日）死于汨羅，人傷其死，所以並將舟楫以拯之。今競渡是其迹。"據此說居多。二曰是龍的節日。聞一多先生考證：古越民族認爲他們是龍的傳人，爲表示他們的"龍子"身份，所以有紋龍習俗。每年五月五日舉行盛大圖騰祭祀，他們劃着刻有龍形的獨木舟，在水上競技狂歡，這便是最古老的端午節賽龍舟的含義。

規格：68*68cm　材質：紙本‧蒼佩室墨

真龍天子史記高祖本記漢高祖劉邦之母劉媼嘗息大澤之陂夢與神通是時雷電晦冥太公往視則見蛟龍于其上已而有身遂產高祖所以後來皇帝都稱爲真龍天子皇帝的身體叫龍體臉叫龍顏衣服叫龍袍坐椅叫龍椅床叫龍床其子孫叫龍子龍孫 珪珍書

89.真龍天子。《史記·高祖本記》載：漢高祖劉邦之母劉媼"嘗息大澤之陂，夢與神通，是時雷電晦冥，太公往視，則見蛟龍于其上，已而有身，遂産高祖"。所以，後來皇帝都稱爲"真龍天子"。皇帝的身體叫"龍體"，臉叫"龍顏"，衣服叫"龍袍"，坐椅叫"龍椅"，床叫"龍床"，其子孫叫"龍子龍孫"。

規格：34*136cm　材質：紙本·蒼佩室墨

90.龍與炎黃子孫共長存。龍自產生的那一刻開始，便與炎黃子孫相伴相長、共榮共辱。商周賦予它威武，漢唐給予它大度；魏晉時，龍猶如竹林七賢，仙風道骨；在遼金，龍則似草原駿馬，恣肆奔騰；而到了清末，外國列強卻迫使它低下了高貴的頭顱。帝王貴冑曾使它至尊無上，而民間百姓則讓它入鄉隨俗，安寧四方。在泱泱中華，帶"龍"字的山名、水名、地名、人名層出不窮，有關"龍"的文化藝術作品更是琳琅滿目。無論是建築，還是在各類器具中，龍的形象也都活躍其中。即便在"民以食爲天"的領域，也是"龍"出不窮，諸如龍眼、龍蝦、龍虎鬥、龍井茶、龍鬚菜、龍鬚面等。龍，已經深入到社會生活的方方面面。如今，"真龍天子"沒有了，但"龍"依然活着。龍與炎黃子孫共長存！

規格：68*92cm　材質：紙本 · 蒼佩室墨

龍與詩歌

第八章

進功署

規格：68*136cm　材質：紙本·蒼佩室墨

91.《黑龍潭》　唐　白居易

黑潭水深黑如墨，傳有神龍人不識。
潭上架屋官立祠，龍不能神人神之。
豐凶水旱與疾疫，鄉里皆言龍所爲。
家家養豚漉清酒，朝祈暮賽依巫口。
神之來兮風飄飄，紙錢動兮錦傘搖。
神之去兮風亦静，香火滅兮杯盆冷。
肉堆潭岸石，酒潑廟前草。
不知龍神享幾多，林鼠山狐長醉飽。
狐何幸？豚何辜？年年殺豚將喂狐。
狐假龍神食豚盡，九重泉底龍知無？

92.《龍潭》 唐　韋莊
石激懸流雪滿灣，五龍潛處野雲閑。
暫收雷電九峰下，且飲溪潭一水間。
浪引浮槎依北岸，波分曉日浸東山。
回瞻四面如看畫，須信游人不欲還。

規格：66*66cm　材質：紙本·蒼佩室墨

93.《龍移》 唐 韓愈
天昏地黑蛟龍移，雷驚電激雄雌隨。
清泉百丈化爲土，魚鱉枯死吁可悲。

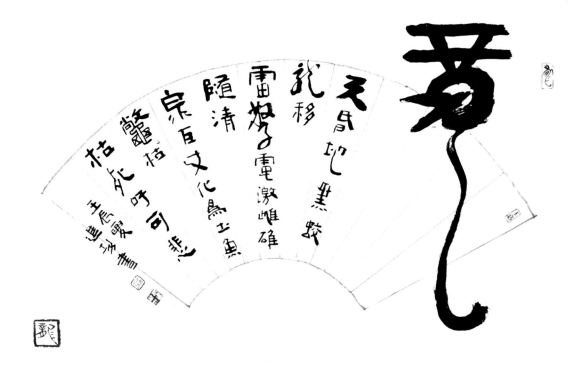

規格：45*68cm 材質：紙本・蒼佩室墨

衛燭耀幽都含章擬
鳳雛圖秦飲渭水東
洛薦河晶鼎湖希逢聖
陸升雲出鼎湖希逢聖
人步庭闕正晨趨
石錄李嶠詩 龍
琴鶴小吏 建珍書

規格：48*91cm　　材質：紙本·蒼佩室墨

94.《龍》　唐　李嶠
衝燭耀幽都，含章擬鳳雛。
西秦飲渭水，東洛薦河圖。
帶火移星陸，升雲出鼎湖。
希逢聖人步，庭闕正晨趨。

95.《驪龍》 唐 無名氏
有美爲鱗族，潛蟠得所從。
標奇初韞寶，表智即稱龍。
大壑長千里，深泉固九重。
奮髯雲乍起，矯首浪還衝。
荀氏傳高譽，莊生冀絶踪。
仍知流泪在，何幸此相逢。

規格：53*68cm　材質：紙本·蒼佩室墨

規格：28*75cm　　材質：紙本・蒼佩室墨

96.《詠龍》　唐　蕭曠
亦知清戒守仙規，燕血塵埃豈嗜宜。
自許身軀脫梭木，淹從螭蛟困拳池。
爲虛化實是何日，棄甲成林會有時。
已笑痴兒執凡鐵，驅雲駕霧奈何之。

97.《龍挂》　宋　陸游

成都六月天大風，發屋動地聲勢雄。

黑雲崔嵬行風中，凜如鬼神塞虛空，
霹靂迸火射地紅。

上帝有命起伏龍，龍尾不卷曳天東。

壯哉雨點車軸同，山摧江溢路不通，
連根拔出千尺松。

未言爲人作年豐，偉觀一洗芥蒂胸。

規格：48*91cm　材質：紙本 · 蒼佩室墨

蛟龍潛匿隱蒼波　且與蝦蟆作混和　等待一朝頭角就　撼搖霹靂震山河　詠龍詩　金完顏亮　蒼佩室墨

規格：68*68cm　材質：紙本·蒼佩室墨

98.《詠龍詩》　金　完顏亮
蛟龍潛匿隱蒼波，且與蝦蟆作混和。
等待一朝頭角就，撼搖霹靂震山河。

99.《龍溪》　宋　歐陽修
潺潺出亂峰，演漾綠蘿風。
淺瀨寒難涉，危差路不通。
朝雲起潭側，飛雨逝江中。
更欲尋源去，山深不可窮。

規格：53*68cm　　材質：紙本·蒼佩室墨

100.《清平樂·六盤山》　毛澤東
天高雲淡，
望斷南飛雁。
不到長城非好漢，
屈指行程二萬。
六盤山上高峰，
紅旗漫卷西風。
今日長纓在手，
何時縛住蒼龍？

毛澤東詞
清平樂六盤山

天高雲淡望斷南飛雁不到長城
非好漢屈指行程二萬六盤山上高峰紅旗漫卷西風今日長纓
在手何待縛住蒼龍　壬辰金秋進利

規格：45*136cm　材質：紙本·蒼佩室墨

（局部）

龍是我國古代傳說中的靈異神物是萬數之首萬能之神龍是中華民族進入農業社會後創造的虛擬動物與農業生產對水的需求密切相關華夏先民認為龍可騰踔雲呼風化雨滋潤禾苗龍是偉大的又是虛無的它只是一種精神只是物質龍成為中華民族的象征四海之內炎黃子孫皆為龍的傳人

王辰仲秋吉日龍特江南老僮進玲書

（局部）

龠䶂龍龗龍龗龍尭龍龍龗龍龗龍㝵㝵㝵龗㝵龍龗龍龗龍龗氒龍龗龍龗龍龍龍＞龗龍龗㝵㝵龍我龍㝵龍龗：畾龍百

規格：35*2000cm　　材質：紙本·蒼佩室墨

後　記

　　從去年十月萌生並開始着手準備創作《中國龍》，到提筆寫這篇後記，已歷時一年又兩個月了。當我擱筆掩面長噓時，那種艱辛後的喜悦，那種如釋重負的輕鬆，是難以言表的。

　　關于龍、關于龍與中國、關于中國龍與中華民族、關于中國龍與中國傳統文化，我在近一萬兩千字的題款中已作了扼要闡述，這裏不再贅述。我想只就創作過程中的想法、做法及困惑，與讀者進行一些交流。

　　《中國龍》創作，我是在學習古人、借鑒今人的基礎上，用正草隸篆創作了一百個神形各異的 "龍" 字，每個 "龍" 字都題有關于龍的款識，根據款識內容分爲八章，即龍之源、龍之形、龍之能、龍之品、龍與道教、龍與佛教、龍與風俗、龍與詩歌。每幅作品既有貫聯，又可獨立成章。可以説，這八個章節基本涵蓋了中國龍文化的主要內容。因此，《中國龍》既是一本 "龍" 字的書法集，又是一本龍文化的通俗讀物。當然，這是一本以書法創作爲主導的書，它不是學術著作，也不是科普讀物，對龍文化概括和介紹，難免有誤漏和不準確的地方。我只是想通過這種形式，讓讀者在品味 "龍" 字的同時，順便了解中國龍文化方面的一些知識。關于龍生九子的名字和特長，在各種典籍的記載中不盡相同，我這裏采用《辭海》中的解釋，對九子贔屓〔螭吻〕，寫進了民間廣爲流傳的説法。

　　創作《中國龍》，我定的基調是要體現龍的靈動與莊重、平實與尊貴、力量與氣勢。要實現這一創作理念，有三個難點：一是創作主體只寫一個 "龍" 字，且必須字字不同。這就容易造成靈動有余，而平實莊重不足；二是題款多，每條款識，少則十字，多則五百字，給謀篇布局增加難度；三是全書百幅作品主題只有一個字，難以形成嘆爲觀止的陣勢。爲了回避和弱化這三個難點，我在寫第一篇樣稿時，采用各色宣紙，除了用墨還用大紅、朱砂、曙紅等中國人喜歡的喜慶色彩進行創作，題款是正草隸篆四體皆用。寫好后整體一看，"熱鬧" 是 "熱鬧" 了，但中國龍的氣勢與莊重蕩然無存，成了不折不扣的 "變色龍" 大雜燴。第一篇樣稿花了三個多月時間，因爲對每個 "龍" 字的結體、式樣、題款的方位、字數的多少與大小等都經過幾次甚至十幾次的試寫。在痛舍第一遍樣稿后，我着手寫第二遍樣稿。第二遍樣稿采用全白宣紙，但用墨、用色以及題款字體均未變，寫好后仍覺有輕浮和不穩之感，沒有我想要的那種效果。如何來表現？我百思不得其解，幾乎陷入了創作的絕境。于是，我放下毛筆，開始讀書，和朋友喝酒聊天，盡情放鬆自己。有一天酒酣歸來，突然明白了"變"與"不變"、"靈動"與"莊重"之間的關係。抓住"感覺"急忙寫第三遍。第三遍樣稿用全一色白宣紙、蒼佩室墨，題款統一爲隸書。雖然"龍"字在不停地變化，但白紙、黑墨、隸體不變，以"不變"應"百變"。在用筆上，中、側鋒兼施，力量外露和内韌相融，每幅作品的布局力避雷同，使得作品整體上有了變與不變、動與不動、平實與張揚之感。第三遍樣稿寫完后，雖擱置了一段時間，但幾乎每天都有不同的"龍"在我腦中盤旋。最后完成作品不到一個月時間，幾乎是一氣呵成。百龍之后，我又用篆書寫了一百個"龍"字，長二十米，作爲壓卷之作。

爲了體現"龍"的尊貴和皇家之氣。我采用全一色泥金紙裝裱，展覽視覺效果富麗堂皇，盡顯中國龍雍容華貴之氣派。

《中國龍》書法集，我請"畫壇虎王"馮大中先生題寫了書名，這不僅是仰慕他的藝術，而是覺得畫虎的給寫龍的題寫書名，豈不是更有意思！我與大中先生雖有過交往，但那已是上個世紀九十年代的事了。我試着與他聯係。出乎意料更是意料之中，先生很快寫好給我寄來。十幾年未見了，但他那"上交不諂，下交不驕，重情誼而不攀附"的爲人之品，依然如故。

特別要說的是，我把賴少其、王遐舉兩位大師寫的"種德成陰"、"翰海奇觀"印在書的前面。這不是他們爲本書的題字，他們早已仙去。他們在做人、從藝方面對我的教誨與指導，使我受益匪淺。把他們的作品印在書前，是爲了表達對前輩的景仰和懷念。

非常感謝我的老領導、老朋友，原中共安徽省委常委、省委宣傳部長、省政協常務副主席杜誠先生爲本書題寫了"龍澤華夏"。

感謝美學博士、《美術教育研究》雜志社社長、安徽省美協副主席滋蕪先生爲本書撰寫了增光添彩的序文。

我的兩位小朋友王甬婷、倪文凡在資料收集、查核上做了大量工作。王甬婷還負責全部文字的録入，在此一併致謝。

特別還要感謝的是我的家鄉——南陵縣。南陵縣主要領導親自過問，有關方面同志給予了熱情的幫助和支持。安徽魯班建設投資集團有限公司董事長汪錫文先生爲本書的出版伸出了友情援助之手。一個離鄉五十年游子，能得到家鄉父老鄉親如此厚愛，真是"美不美，鄉中水；親不親，故鄉人"啊！

最后，借用王安石兩句詩文，概括我創作《中國龍》的全部感受：

看似尋常最奇崛，

成如容易却艱辛。

二○一二年十一月三十日

午夜于老更成齋